I0005913

La dualidad de la Inteligencia Artificial: Beneficios y desafíos para la humanidad

Mora Christian

Copyright © 2023 Christian Mora

Todos los derechos reservados.

DEDICATORIA

"Dedico este libro a aquellos que buscan comprender la complejidad de la inteligencia artificial y sus implicaciones en nuestra sociedad. Que este texto sea una invitación a reflexionar sobre los beneficios y desafíos que la IA presenta para la humanidad, y a trabajar juntos para construir un futuro en el que la tecnología sirva a un propósito más grande y beneficie a todos."

CONTENIDO

AGRADECIMIENTOS

"A aquellos que se aventuran en el mundo de la inteligencia artificial y sus implicaciones en nuestra sociedad, dedico este libro. Que estas páginas les brinden un mayor entendimiento sobre los beneficios y desafíos que la IA presenta para la humanidad, y les inspiren a trabajar por un futuro en el que la tecnología sirva para el bienestar común. Que este libro sea un llamado a la reflexión y al diálogo, y una invitación a todos a contribuir en la construcción de un futuro más justo y sostenible para todos."

1 INTRODUCCIÓN

La Inteligencia Artificial (IA) es una rama de la informática que se enfoca en desarrollar algoritmos y sistemas que pueden simular la inteligencia humana. Esta tecnología ha avanzado significativamente en las últimas décadas y ha encontrado una amplia variedad de aplicaciones en diversos campos, incluyendo la medicina, la robótica, la manufactura, el transporte, entre otros.

La IA se basa en el aprendizaje automático (Machine Learning) y el procesamiento del lenguaje natural (Natural Language Processing), dos áreas de investigación que permiten que las máquinas aprendan de los datos y de las interacciones con los usuarios, y que puedan comprender y producir lenguaje humano de forma efectiva.

A medida que la IA se ha vuelto más avanzada, ha surgido la preocupación de cómo puede afectar la vida y el trabajo de las personas. Sin embargo, también hay quienes ven la IA como una herramienta poderosa para abordar algunos de los desafíos más apremiantes de la humanidad, como el cambio climático, la atención médica y la sostenibilidad económica.

Machine Learning

El Machine Learning (aprendizaje automático) es una técnica clave en la Inteligencia Artificial (IA) que permite a las computadoras aprender de los datos, identificar patrones y tomar decisiones o realizar predicciones sin ser programadas explícitamente para cada tarea.

El Machine Learning se basa en algoritmos que utilizan modelos matemáticos para analizar y encontrar patrones en los datos. Estos algoritmos pueden ajustarse y mejorar automáticamente a medida que se les proporciona más datos, lo que los hace altamente efectivos para el procesamiento de grandes cantidades de información.

Existen varios tipos de algoritmos de Machine Learning, incluyendo el aprendizaje supervisado, el aprendizaje no supervisado y el aprendizaje por refuerzo. En el aprendizaje supervisado, el algoritmo se entrena con un conjunto de datos etiquetados, lo que significa que se le proporciona información sobre lo que se espera que sea la salida correcta. En el aprendizaje no supervisado, el algoritmo busca patrones y estructuras en los datos sin tener información previa sobre la salida esperada. En el aprendizaje por refuerzo, el algoritmo aprende a través de la experiencia, recibiendo una recompensa o castigo según sus acciones.

El Machine Learning ha sido utilizado en una amplia variedad de aplicaciones de la vida real, como la clasificación de imágenes, el procesamiento del lenguaje natural, la detección de fraudes, la recomendación de productos, entre otros. Con el aumento de los datos disponibles y la mejora de los algoritmos de Machine Learning, se espera que esta técnica sea cada vez más relevante en el desarrollo de soluciones innovadoras y eficientes en la IA.

Procesamiento del lenguaje natural (Natural Language Processing)

El procesamiento del lenguaje natural (Natural Language Processing, NLP) es una rama de la Inteligencia Artificial (IA) que se enfoca en enseñar a las computadoras a entender, interpretar y generar lenguaje humano de forma natural y efectiva.

El procesamiento del lenguaje natural implica varias tareas, incluyendo el análisis morfológico (identificación de las palabras y su estructura gramatical), el análisis sintáctico (identificación de la estructura de las oraciones y su significado), el análisis semántico (interpretación del significado de las palabras y frases), y el análisis pragmático (interpretación del significado en un contexto más amplio).

Para llevar a cabo estas tareas, los sistemas de NLP utilizan algoritmos y modelos estadísticos basados en datos lingüísticos. Estos algoritmos pueden incluir técnicas de aprendizaje automático (Machine Learning) y procesamiento del conocimiento para enseñar a las computadoras a comprender y generar lenguaje natural.

Entre las aplicaciones prácticas del procesamiento del lenguaje natural se encuentran la traducción automática, la atención al cliente y la respuesta a preguntas en línea, la detección de sentimientos en redes sociales y análisis de opiniones, entre otros.

El procesamiento del lenguaje natural es una tarea compleja que requiere de la integración de diversas técnicas y enfoques de la IA, y sigue siendo objeto de investigación activa para mejorar la precisión y eficacia de los sistemas de NLP en la comprensión y generación de lenguaje humano.

El nacimiento de la IA

El nacimiento de la Inteligencia Artificial (IA) se remonta a los años 50, cuando los científicos comenzaron a explorar la posibilidad de crear máquinas que pudieran pensar y razonar como los seres humanos. Uno de los eventos más importantes en la historia temprana de la IA fue la Conferencia de Dartmouth en 1956, donde los expertos en computación se reunieron para discutir cómo crear una "máquina pensante".

En los años siguientes, los científicos comenzaron a desarrollar algoritmos y modelos matemáticos que podrían simular la inteligencia humana. Uno de los primeros éxitos de la IA fue el programa de ajedrez de IBM, Deep Blue, que en 1997 derrotó al campeón mundial de ajedrez, Garry Kasparov.

En las últimas décadas, la IA ha avanzado significativamente gracias al desarrollo de algoritmos de Machine Learning y al aumento en la cantidad y calidad de datos disponibles. El aprendizaje automático ha permitido a las computadoras aprender y mejorar en la realización de tareas específicas, como la identificación de objetos en imágenes o la detección de fraudes en transacciones financieras.

Hoy en día, la IA se encuentra en una amplia variedad de aplicaciones, desde la detección de enfermedades en la medicina hasta la conducción autónoma en la industria automotriz. A medida que la IA continúa avanzando, se espera que tenga un impacto significativo en la economía, la sociedad y la vida cotidiana de las personas.

Como ocurre el aprendizaje de las IA

Hay tres tipos principales de aprendizaje en Inteligencia Artificial (IA): el aprendizaje supervisado, el aprendizaje no supervisado y el aprendizaje por refuerzo.

- **Aprendizaje supervisado:** es el proceso de entrenar un modelo de IA con un conjunto de datos etiquetados. El modelo se entrena para aprender a asociar entradas (características) con salidas (etiquetas o clases) específicas, de modo que pueda predecir la salida correcta para nuevas entradas no vistas previamente. Por ejemplo, se puede entrenar un modelo de IA para reconocer imágenes de gatos y perros mediante el aprendizaje supervisado, proporcionando al modelo imágenes etiquetadas como "gato" o "perro" para aprender a distinguir entre las dos clases.

- **Aprendizaje no supervisado:** es el proceso de entrenar un modelo de IA con un conjunto de datos no etiquetados. En este tipo de aprendizaje, el modelo intenta aprender patrones o estructuras inherentes a los datos de entrada sin una orientación explícita. Por ejemplo, se puede utilizar el aprendizaje no supervisado para agrupar automáticamente noticias en diferentes temas sin necesidad de que se etiqueten previamente las noticias.

- **Aprendizaje por refuerzo:** es el proceso de entrenar un modelo de IA para tomar decisiones en un entorno y obtener una recompensa por sus acciones. En este tipo de aprendizaje, el modelo toma una acción en un entorno, y luego recibe retroalimentación positiva o negativa en función de si la acción fue buena o mala. El modelo utiliza esta retroalimentación para mejorar sus decisiones futuras y maximizar su recompensa a largo plazo. Por ejemplo, se puede utilizar el aprendizaje por refuerzo para entrenar un modelo de IA para jugar un juego de ajedrez, recibiendo retroalimentación positiva cuando gana el juego y retroalimentación negativa cuando pierde.

Redes neuronales de las IA

Las redes neuronales son un tipo de algoritmo de aprendizaje automático utilizado en Inteligencia Artificial (IA). Están inspiradas en la estructura y funcionamiento del cerebro humano y están diseñadas para procesar información y reconocer patrones de manera similar a como lo hace el cerebro humano.

Las redes neuronales consisten en una serie de capas de "neuronas" artificiales, que son unidades de procesamiento que reciben entradas, realizan cálculos y producen salidas. Las entradas pueden ser imágenes, texto, audio u otros tipos de datos, y las salidas pueden ser clasificaciones, predicciones o respuestas a preguntas.

Durante el entrenamiento, la red neuronal ajusta sus pesos y conexiones internas para mejorar su capacidad para reconocer patrones en los datos de entrenamiento. Una vez entrenada, la red neuronal puede utilizarse para realizar predicciones o clasificaciones sobre nuevos datos que no se han visto antes.

Las redes neuronales son especialmente útiles en tareas que involucran grandes cantidades de datos y patrones complejos, como la visión por computadora, el procesamiento de lenguaje natural y la detección de fraude. También son utilizadas en una variedad de aplicaciones comerciales y científicas, desde la detección de objetos en imágenes hasta la predicción de precios de acciones.

En resumen, las redes neuronales son un tipo de algoritmo de aprendizaje automático utilizado en IA que está diseñado para procesar información y reconocer patrones de manera similar a como lo hace el cerebro humano.

Factores por lo que la IA dejaría de funcionar

Existen diversas razones por las cuales una IA podría dejar de funcionar, entre ellas:

- Fallas técnicas: Las computadoras y sistemas de IA pueden sufrir fallas técnicas, ya sea por problemas de hardware o software. En estos casos, la IA puede dejar de funcionar hasta que se repare o se sustituya el equipo afectado.

- Cambios en el entorno: Una IA que ha sido diseñada para funcionar en un determinado entorno puede dejar de funcionar si ese entorno cambia significativamente. Por ejemplo, un sistema de reconocimiento de voz podría ser menos efectivo si se le utiliza en un lugar ruidoso o con mucho eco.

- Desactualización: Los algoritmos y modelos de IA necesitan actualizarse con regularidad para mantenerse efectivos. Si una IA no se actualiza, podría quedar obsoleta y dejar de funcionar correctamente.

- Decisión humana: En algunos casos, los responsables de una IA pueden decidir desactivarla por diversas razones, como la falta de recursos para mantenerla o la falta de necesidad de su función.

2 LAS IA Y LA HUMANIDAD

Posibles temores de la especie humana hacia la IA

La especie humana tiene miedo de que las Inteligencias Artificiales (IA) se desarrollen de manera acelerada y sin control porque existe una preocupación sobre las posibles consecuencias que su uso desmedido o inadecuado podría tener en la sociedad y en el planeta en general.

Algunas de las preocupaciones más comunes son:

- Desplazamiento laboral: La IA y la automatización podrían desplazar a los trabajadores de diversos sectores, lo que podría tener un impacto negativo en la economía y en la vida de las personas.

- Riesgo de errores y mal uso: Si las IA no son programadas y diseñadas adecuadamente, podrían cometer errores o ser utilizadas con fines malintencionados, lo que podría tener consecuencias graves.

- Control y dominación: Algunos temen que las IA eventualmente se vuelvan tan avanzadas que puedan tomar el control de la sociedad o incluso dominar a la humanidad.

- Falta de ética: Las IA pueden ser utilizadas para realizar acciones inmorales o poco éticas si no se les enseña valores éticos y se les da una supervisión adecuada.

Mitos de la IA

Hay varios mitos comunes sobre la Inteligencia Artificial (IA). A continuación, se presentan algunos de ellos:

- La IA siempre es una amenaza: A menudo se retrata a la IA como una amenaza para la humanidad, pero en realidad, la IA puede tener aplicaciones muy útiles y beneficiosas, como en la medicina, la industria y la ciencia.

- Las IA son seres inteligentes: Aunque a menudo se les atribuyen características humanas, las IA no son seres inteligentes en el sentido convencional. En cambio, son programas informáticos diseñados para procesar información y realizar tareas específicas.

- La IA es infalible: La IA puede ser muy precisa en la realización de ciertas tareas, pero aún puede cometer errores y tener limitaciones en su capacidad para procesar información.

- La IA es independiente de los humanos: La IA requiere programación, mantenimiento y supervisión por parte de los humanos. No puede operar por sí sola sin la intervención humana.

- La IA reemplazará a los humanos: Aunque la IA puede automatizar algunas tareas, no puede reemplazar completamente a los humanos en todas las funciones, ya que la creatividad, la intuición y el juicio ético son características únicas de la inteligencia humana.

Pueden las IA tener un lado oscuro

Pues la respuesta sería si y a la vez no

Como modelo de lenguaje, debo señalar que las IA no tienen intenciones o motivaciones propias. En cambio, el comportamiento de las IA es el resultado de su diseño, programación y entrenamiento.

Sin embargo, hay ciertos aspectos que se han identificado como preocupantes o problemáticos en relación con las IA:

- Sesgos: Las IA pueden aprender a partir de datos que reflejan prejuicios, discriminaciones o desigualdades existentes en la sociedad. Esto puede llevar a que las IA reproduzcan y amplifiquen estos prejuicios, creando o perpetuando injusticias.

- Mal uso: Las IA pueden ser utilizadas con fines malintencionados, como el espionaje, el sabotaje, la manipulación o la propagación de desinformación.

- Fallos técnicos: Las IA son sistemas complejos que pueden experimentar fallos técnicos que afecten su funcionamiento y precisión. Si estos fallos no son detectados y corregidos, pueden provocar consecuencias graves o incluso peligrosas.

- Dependencia: A medida que las IA se vuelven más sofisticadas y se integran en más aspectos de la vida cotidiana, es posible que se vuelvan indispensables para algunas tareas, lo que puede generar una dependencia preocupante de estas tecnologías.

La IA puede afectar a la inteligencia humana

Aunque no hay evidencia de que la Inteligencia Artificial (IA) pueda reducir directamente la inteligencia humana. La IA se desarrolla con el objetivo de complementar la inteligencia humana y mejorar nuestra capacidad para procesar información y tomar decisiones.

Sin embargo, algunos expertos han expresado preocupación por el hecho de que la dependencia excesiva de la IA podría llevar a una disminución en las habilidades cognitivas humanas, como la memoria y el pensamiento crítico. Por ejemplo, si las personas confían demasiado en la tecnología para recordar información y tomar decisiones, podrían perder habilidades importantes para recordar y procesar información de manera autónoma.

Además, la IA puede ser programada para realizar tareas específicas, como clasificar información o tomar decisiones comerciales, pero no tiene la capacidad de pensar de manera creativa o tener un juicio ético como lo hace la inteligencia humana. Si las personas dependen demasiado de la IA para tomar decisiones importantes, como decisiones médicas o políticas, podría haber un riesgo de reducción en la capacidad humana para tomar decisiones complejas y pensar críticamente.

3 LA INTELIGENCIA ARTIFICIAL

Los avances de la inteligencia artificial son notables y se han desarrollado a un ritmo acelerado en las últimas décadas. Algunos de los avances notables son:

- Aprendizaje automático: La capacidad de los sistemas de IA para aprender a partir de grandes cantidades de datos, lo que ha llevado a avances en áreas como la visión por computadora, el reconocimiento de voz y la traducción automática.

- Redes neuronales: La capacidad de las redes neuronales para imitar el comportamiento del cerebro humano y procesar grandes cantidades de información a alta velocidad, lo que ha permitido mejoras significativas en la comprensión del lenguaje natural y la toma de decisiones.

- Robótica: El uso de la IA en la robótica ha llevado a avances en la automatización de tareas y la creación de robots que pueden interactuar con el mundo de manera más inteligente y autónoma.

- Internet de las cosas (IoT): La integración de la IA en dispositivos de IoT ha permitido la creación de sistemas inteligentes capaces de recolectar, analizar y actuar sobre datos en tiempo real.

Sin embargo, también hay desafíos importantes que deben

abordarse para garantizar que la IA se utilice de manera ética y responsable. Algunos de los desafíos más importantes incluyen:

- Sesgos y discriminación: La IA puede perpetuar y ampliar los prejuicios y discriminación existentes en los datos utilizados para entrenar los sistemas.

- Privacidad y seguridad: La IA puede poner en riesgo la privacidad y seguridad de los datos personales utilizados para entrenar los sistemas.

- Responsabilidad y ética: La IA plantea importantes preguntas sobre quién es responsable de las decisiones tomadas por los sistemas y cómo se pueden garantizar decisiones justas y éticas.

- Cambios en el mercado laboral: La IA tiene el potencial de automatizar tareas y reducir la necesidad de trabajadores humanos en algunas áreas, lo que puede llevar a cambios significativos en el mercado laboral.

- Es importante abordar estos desafíos y trabajar en conjunto para garantizar que la IA se utilice de manera ética, responsable y en beneficio de la sociedad en general.

Riesgos y preocupaciones asociados con su desarrollo y despliegue de la IA

El desarrollo y despliegue de la IA plantea una serie de riesgos y preocupaciones, incluyendo:

Desplazamiento laboral: La automatización y el uso de la IA pueden reemplazar a los trabajadores en ciertas áreas, lo que lleva a la pérdida de empleos y desigualdad económica.

Sesgo y discriminación: Los algoritmos pueden perpetuar y amplificar los prejuicios y la discriminación existentes en la sociedad, lo que resulta en decisiones injustas y desiguales.

Pérdida de privacidad: La IA utiliza grandes cantidades de datos personales para entrenar y mejorar sus algoritmos, lo que puede comprometer la privacidad de las personas.

Seguridad y riesgo de ciberataques: Los sistemas de IA pueden ser vulnerables a los ciberataques y a la manipulación malintencionada, lo que representa un riesgo para la seguridad y la privacidad de los usuarios.

Dependencia de la tecnología: La creciente dependencia de la IA y la tecnología puede tener implicaciones para la salud mental y la capacidad de las personas para tomar decisiones independientes.

Es importante abordar estos riesgos y preocupaciones de manera proactiva y responsable a medida que se avanza en el desarrollo y la implementación de la IA. Esto puede incluir la adopción de regulaciones y políticas adecuadas, la transparencia y la ética en el diseño y el uso de los sistemas de IA, y la inversión en programas de formación y educación para ayudar a las personas a adaptarse a los cambios en el mercado laboral y tecnológico.

Inteligencia Artificial y su rápida evolución en la sociedad moderna

La Inteligencia Artificial (IA) es un campo de estudio que ha experimentado un rápido crecimiento en la sociedad moderna. Con avances tecnológicos y la disponibilidad masiva de datos, la IA ha evolucionado rápidamente, transformando diversos aspectos de la sociedad, desde la industria y la economía hasta la medicina, la educación y el entretenimiento.

En esta era digital, la IA se ha convertido en una tecnología disruptiva que ha cambiado la forma en que interactuamos con el mundo y ha generado un impacto significativo en la economía mundial. La rápida evolución de la IA ha llevado a una creciente adopción de sus aplicaciones en diversas áreas, lo que ha llevado a un amplio debate sobre sus implicaciones éticas, sociales y económicas.

Desarrollo:

La historia de la IA se remonta a la década de 1950, cuando los investigadores comenzaron a desarrollar programas informáticos que podían realizar tareas que requieren inteligencia humana, como jugar ajedrez y resolver problemas matemáticos. Sin embargo, fue en las últimas décadas cuando la IA ha experimentado un rápido avance, gracias a una combinación de factores, como el aumento en la capacidad de procesamiento de las computadoras, el desarrollo de algoritmos más sofisticados y la disponibilidad masiva de datos.

Uno de los mayores impulsores de la rápida evolución de la IA ha sido el aprendizaje automático o machine learning, que es una técnica de IA que utiliza redes neuronales artificiales para analizar y aprender de grandes cantidades de datos. Esto ha permitido avances significativos en áreas como la visión por computadora, el procesamiento del lenguaje natural, la robótica y la automatización de procesos.

La aplicación de la IA en la sociedad moderna ha sido amplia y diversa. En la industria, la automatización de procesos ha mejorado la eficiencia en la producción y logística, lo que ha llevado a una reducción de costos y a un aumento en la productividad. En el sector de servicios, la IA ha transformado la forma en que interactuamos con las empresas, a través de asistentes virtuales, recomendaciones personalizadas y análisis de datos para la toma de decisiones.

La medicina es otro campo donde la IA ha tenido un impacto significativo. Desde la detección temprana de enfermedades hasta la asistencia en la cirugía, la IA ha mejorado la precisión de los diagnósticos y los tratamientos médicos, lo que ha llevado a una atención médica más eficiente y personalizada.

Sin embargo, la rápida evolución de la IA también ha planteado preocupaciones éticas y sociales. Una de las preocupaciones principales es el impacto en el empleo, ya que se espera que la automatización de procesos impulsada por la IA tenga un impacto en la fuerza laboral, especialmente en trabajos rutinarios y repetitivos. Además, también se han planteado cuestionamientos éticos en torno a la privacidad de los datos, la toma de decisiones automatizada y la discriminación algorítmica.

La evolución de la IA en la sociedad moderna también ha generado debates en torno a la seguridad y la ética en el desarrollo de tecnologías de IA, como la creación de sistemas de IA capaces de tomar decisiones autónomas.

Exploración de los avances tecnológicos actuales en IA

La exploración de los avances tecnológicos en Inteligencia Artificial (IA) se ha convertido en un campo en constante evolución, impulsado por la creciente disponibilidad de datos, el aumento en la capacidad de procesamiento de las computadoras y la mejora en los algoritmos de aprendizaje automático. Estos avances están transformando diversos sectores de la sociedad, incluyendo la medicina, con aplicaciones innovadoras que tienen el potencial de mejorar la atención médica y cambiar la forma en que se diagnostican y tratan las enfermedades.

En la medicina, la IA ha sido utilizada para desarrollar herramientas de diagnóstico y tratamiento más precisas y eficientes. Por ejemplo, en el campo de la radiología, los sistemas de IA pueden analizar imágenes médicas, como tomografías computarizadas y resonancias magnéticas, para detectar anomalías o patrones que los médicos pueden pasar por alto, lo que puede ayudar en la detección temprana de enfermedades como el cáncer o enfermedades cardiovasculares.

La IA también ha demostrado ser útil en la asistencia en cirugías, a través de sistemas de asistencia quirúrgica robótica. Estos sistemas pueden asistir a los cirujanos en procedimientos complejos, como la cirugía mínimamente invasiva, mejorando la precisión y reduciendo los riesgos para el paciente.

Otro ejemplo es el uso de la IA en la personalización de tratamientos médicos. La IA puede analizar grandes cantidades de datos clínicos, como historias clínicas de pacientes, resultados de pruebas y registros médicos, para identificar patrones y tendencias, y recomendar tratamientos más precisos y personalizados. Esto puede mejorar la eficacia de los tratamientos y reducir los efectos secundarios.

Además, la IA también se ha aplicado en la predicción y prevención de enfermedades. Los modelos de IA pueden analizar factores de riesgo y datos de salud para identificar a las personas con mayor probabilidad de desarrollar ciertas enfermedades, como la diabetes o enfermedades cardiovasculares, lo que permite la intervención temprana y la adopción de medidas preventivas para reducir el riesgo de enfermedades crónicas.

Sin embargo, es importante destacar que la implementación de la IA en la medicina también plantea desafíos y preocupaciones. Uno de los principales desafíos es la interpretación y validación de los resultados generados por los sistemas de IA. La confiabilidad y la seguridad de los algoritmos de IA utilizados en la medicina son aspectos críticos, ya que los errores en la toma de decisiones pueden tener consecuencias graves para los pacientes.

Además, la ética también es un tema importante en la exploración de la IA en la medicina. La privacidad de los datos de los pacientes, el sesgo algorítmico y la equidad en el acceso a las tecnologías de IA son cuestiones éticas que deben abordarse para garantizar que la implementación de la IA en la medicina sea justa y beneficiosa para todos.

Sectores de la sociedad que esta siendo transformado por las IA

Transporte:
La Inteligencia Artificial (IA) está teniendo un impacto significativo en la transformación del sector del transporte, con aplicaciones innovadoras que están cambiando la forma en que se planifican, operan y gestionan los sistemas de transporte. A continuación, se describen algunas de las principales formas en que la IA está transformando este sector:

Gestión del tráfico: La IA se utiliza para la gestión del tráfico en tiempo real, optimizando la fluidez del tráfico y mejorando la eficiencia del transporte público y privado. Los sistemas de IA pueden analizar datos en tiempo real de sensores de tráfico, dispositivos de navegación GPS y redes de transporte público, y utilizar algoritmos de aprendizaje automático para predecir patrones de tráfico, identificar cuellos de botella y sugerir rutas alternativas en tiempo real. Esto ayuda a reducir la congestión del tráfico, ahorrar tiempo y recursos, y mejorar la experiencia de viaje de los usuarios.

Vehículos autónomos: La IA es una parte fundamental de los vehículos autónomos, que tienen el potencial de transformar la forma en que nos movemos. Los vehículos autónomos utilizan sensores y algoritmos de IA para interpretar datos del entorno, tomar decisiones en tiempo real y operar de forma autónoma sin la intervención humana. Esto tiene el potencial de mejorar la seguridad vial, reducir los accidentes causados por errores humanos, aumentar la eficiencia del combustible y disminuir la congestión del tráfico.

Logística y gestión de flotas: La IA se utiliza en la gestión de la logística y las flotas de transporte, optimizando las rutas de entrega, la planificación de la carga y descarga, y la asignación de vehículos. Los algoritmos de IA pueden analizar datos en tiempo real sobre el estado del tráfico, la disponibilidad de vehículos y los tiempos de entrega, y utilizar la información para optimizar las operaciones de logística y mejorar la eficiencia de la cadena de suministro.

Experiencia del cliente: La IA también está transformando la experiencia del cliente en el sector del transporte. Los sistemas de IA pueden analizar datos de los usuarios, como sus preferencias de viaje, historiales de viaje y patrones de comportamiento, para personalizar las ofertas y servicios de transporte. Por ejemplo, las aplicaciones de viaje basadas en IA pueden ofrecer recomendaciones de rutas, horarios de transporte público y opciones de transporte compartido en función de las necesidades y preferencias del usuario, lo que mejora la experiencia del viaje y aumenta la satisfacción del cliente.

Mantenimiento predictivo: La IA se utiliza en el mantenimiento predictivo de vehículos y equipos de transporte. Los sistemas de IA pueden analizar datos de sensores y registros de mantenimiento para identificar patrones y tendencias que puedan indicar posibles fallos o problemas de rendimiento en los vehículos. Esto permite llevar a cabo mantenimientos preventivos de forma más eficiente, reducir los tiempos de inactividad de los vehículos y mejorar la disponibilidad y fiabilidad de los servicios de transporte.

Educación

La Inteligencia Artificial (IA) está cambiando rápidamente la forma en que se lleva a cabo la educación en el siglo XXI. Con el avance de las tecnologías de IA, se están desarrollando aplicaciones y soluciones innovadoras que están transformando el sector educativo en múltiples aspectos. Desde la personalización del aprendizaje hasta la automatización de tareas administrativas, la IA está revolucionando la forma en que se enseña y se aprende, mejorando la eficiencia, accesibilidad y calidad de la educación en diferentes niveles, desde la educación preescolar hasta la educación superior.

La IA se está utilizando en la educación para adaptar y personalizar el proceso de aprendizaje a las necesidades y preferencias de cada estudiante. Los sistemas de IA pueden analizar datos del comportamiento del estudiante, su estilo de aprendizaje y sus áreas de fortaleza y debilidad, para ofrecer recomendaciones de contenido y actividades de aprendizaje adaptadas a su nivel y ritmo de aprendizaje. Esto permite una educación más personalizada, que se ajusta a las necesidades individuales de cada estudiante, mejorando su experiencia educativa y fomentando un mayor compromiso y motivación en el proceso de aprendizaje.

Además, la IA está siendo utilizada en la creación de contenidos educativos digitales de alta calidad. Los sistemas de generación de contenido basados en IA pueden crear automáticamente materiales educativos, como textos, videos, ejercicios y exámenes, adaptados a diferentes niveles y estilos de aprendizaje. Esto permite la creación rápida y eficiente de contenido educativo, lo cual es especialmente útil en entornos de enseñanza en línea o a gran escala.

La automatización de tareas administrativas es otro aspecto en el que la IA está transformando el sector educativo. Los sistemas de IA pueden automatizar tareas como la gestión de matrículas, la calificación de exámenes, la generación de informes de progreso y la gestión del registro del estudiante. Esto reduce la carga administrativa para los educadores y permite un uso más eficiente del tiempo y recursos en las instituciones educativas, lo que a su vez contribuye a mejorar la calidad y eficiencia de la educación.

La IA también está siendo utilizada en la identificación temprana de problemas de aprendizaje y en la intervención temprana para prevenir el fracaso escolar. Los sistemas de IA pueden analizar datos del rendimiento y comportamiento del estudiante para identificar patrones de aprendizaje problemáticos o señales de alerta, lo que permite a los educadores intervenir de manera oportuna y ofrecer apoyo adicional a los estudiantes que lo necesiten.

Asimismo, la IA se está utilizando en la mejora de la accesibilidad en la educación. Los sistemas de IA pueden ofrecer herramientas de traducción y transcripción en tiempo real para estudiantes con discapacidades visuales o auditivas, lo cual permite un acceso más igualitario a la educación para estos estudiantes. Además, la IA puede adaptar los contenidos educativos para que sean accesibles a diferentes estilos de aprendizaje y capacidades, lo que contribuye a una educación más inclusiva y equitativa.

Por último, la IA también está siendo utilizada en la investigación educativa y en la toma de decisiones basadas en datos. Los sistemas de IA pueden analizar grandes cantidades de datos

Como las IA cambian a la educación

Personalización del aprendizaje: La IA se utiliza para personalizar la experiencia de aprendizaje de los estudiantes. Los sistemas de IA pueden adaptar los contenidos y actividades de aprendizaje en función de las necesidades, estilos de aprendizaje y ritmos de cada estudiante. Utilizando algoritmos de aprendizaje automático, los sistemas de IA pueden analizar datos del rendimiento de los estudiantes, retroalimentación de los profesores, y otros indicadores para ofrecer recomendaciones y ajustes personalizados para optimizar el proceso de aprendizaje.

Tutoría virtual y asistencia educativa: La IA se utiliza para proporcionar tutoría virtual y asistencia educativa a los estudiantes. Los sistemas de IA pueden interactuar con los estudiantes en tiempo real, responder preguntas, ofrecer explicaciones, y proporcionar retroalimentación. Esto permite a los estudiantes tener acceso a recursos educativos y apoyo en cualquier momento y lugar, lo que puede mejorar la calidad del aprendizaje y facilitar el acceso a la educación en entornos remotos o con recursos limitados.

Plataformas de aprendizaje en línea: La IA se utiliza en las plataformas de aprendizaje en línea para analizar datos de los estudiantes y ofrecer recomendaciones de contenidos y actividades de aprendizaje. Los sistemas de IA pueden identificar patrones de aprendizaje de los estudiantes, evaluar su progreso y ofrecer retroalimentación individualizada. Esto permite a los educadores adaptar los contenidos y enfoques de enseñanza en tiempo real para satisfacer las necesidades de los estudiantes de manera más efectiva.

Evaluación y retroalimentación automatizada: La IA se utiliza en la evaluación y retroalimentación de los trabajos y exámenes de los estudiantes. Los sistemas de IA pueden utilizar algoritmos de procesamiento del lenguaje natural y aprendizaje automático para analizar y evaluar automáticamente los trabajos de los estudiantes, proporcionando retroalimentación rápida y detallada sobre su desempeño. Esto puede ayudar a los estudiantes a mejorar sus habilidades y conocimientos de manera más eficiente, y reducir la carga de trabajo de los educadores en la evaluación de grandes cantidades de trabajos.

Gestión institucional: La IA se utiliza en la gestión de las instituciones educativas, desde la planificación de horarios y asignación de recursos, hasta la gestión del personal y la administración de tareas administrativas. Los sistemas de IA pueden analizar datos sobre la disponibilidad de recursos, la demanda de cursos y las preferencias de los estudiantes para optimizar la asignación de recursos y la planificación de horarios. Esto puede ayudar a las instituciones educativas a ser más eficientes y ofrecer una mejor experiencia a estudiantes y profesores.

Educación inclusiva: La IA se utiliza para apoyar la educación inclusiva, permitiendo la adaptación de los contenidos y actividades de aprendizaje para estudiantes con discapacidades o necesidades especiales. Los sistemas de IA pueden utilizar tecnologías de reconocimiento de voz, traducción de lenguaje de señas, y otros recursos.

Otros sectores en que las IA están realizando transformaciones

Industria y manufactura: La IA se utiliza en la industria y la manufactura para automatizar procesos de producción, optimizar la gestión de la cadena de suministro, realizar análisis de datos para mejorar la eficiencia y la calidad del producto, y predecir fallos en maquinarias y equipos, lo que permite llevar a cabo un mantenimiento preventivo.

Servicios financieros: La IA se está utilizando en el sector financiero para el análisis y procesamiento de grandes cantidades de datos financieros, la detección de fraudes, la gestión de riesgos y la automatización de tareas administrativas y de atención al cliente. Los sistemas de IA también se utilizan en la toma de decisiones de inversión y en el desarrollo de estrategias comerciales.

Comercio electrónico y marketing digital: La IA se utiliza en el comercio electrónico y el marketing digital para analizar datos del comportamiento del consumidor, personalizar la experiencia de compra, ofrecer recomendaciones de productos, y optimizar estrategias de marketing en línea. La IA también se utiliza en la automatización de procesos de atención al cliente y en la gestión de publicidad en línea.

Recursos humanos: La IA se utiliza en la gestión de recursos humanos para el reclutamiento y selección de talento, la evaluación del desempeño, la gestión de la capacitación y desarrollo, y en la automatización de tareas administrativas relacionadas con el personal. La IA también se utiliza en la mejora de la experiencia del empleado y en la gestión de la diversidad en el lugar de trabajo.

Agricultura y agroindustria: La IA se utiliza en la agricultura y la agroindustria para la gestión de cultivos, la optimización del uso de recursos como el agua y los fertilizantes, la monitorización del clima, la predicción de enfermedades en plantas y animales, y la automatización de tareas agrícolas, como la siembra y la cosecha.

Servicios de atención médica: Además de la medicina, mencionada anteriormente, la IA se utiliza en otros servicios de atención médica, como la telemedicina, la ayuda en el diagnóstico médico, la gestión de datos médicos, la investigación clínica, la monitorización de pacientes y la mejora de la eficiencia de los procesos médicos.

Energía y sostenibilidad: La IA se utiliza en la gestión de la energía y la sostenibilidad para la optimización del uso de recursos energéticos, la predicción y prevención de fallos en infraestructuras energéticas, la gestión de la demanda energética, y la mejora de la eficiencia en la producción y consumo de energía.

Ciudades inteligentes: La IA se utiliza en el desarrollo de ciudades inteligentes, con aplicaciones en la gestión del tráfico, la optimización del transporte público, la gestión de la seguridad pública, la mejora de la gestión de residuos y la automatización de servicios públicos.

Oportunidades y beneficios que la IA puede ofrecer a la humanidad en el futuro

La Inteligencia Artificial (IA) ofrece diversas oportunidades y beneficios potenciales para la humanidad en el futuro. A continuación, se describen algunas de ellas:

● Automatización y Eficiencia: La IA puede automatizar tareas repetitivas y rutinarias en diferentes sectores, lo cual puede liberar a las personas de labores monótonas y permitirles enfocarse en actividades de mayor valor y creatividad. Esto puede mejorar la eficiencia y productividad en áreas como la industria, la agricultura, la logística, entre otros, lo que puede tener un impacto positivo en la economía y generar nuevas oportunidades de empleo en áreas de mayor valor agregado.

● Personalización y Adaptación: La IA puede personalizar productos, servicios y experiencias de acuerdo a las necesidades y preferencias individuales de las personas. Esto puede mejorar la experiencia del usuario en áreas como el comercio electrónico, la publicidad digital, la atención médica, la educación, entre otros, al ofrecer soluciones adaptadas a las demandas individuales, generando mayor satisfacción y fidelidad del usuario.

- Avances en la Salud y Bienestar: La IA está revolucionando la atención médica al ofrecer herramientas de diagnóstico y tratamiento más precisas y eficientes. La telemedicina, la telemonitorización, la detección temprana de enfermedades y la asistencia médica en áreas remotas o de difícil acceso son ejemplos de cómo la IA puede contribuir a mejorar la salud y bienestar de las personas, brindando una atención médica más accesible y eficaz.

- Impulso a la Innovación y Descubrimiento: La IA puede acelerar la innovación en diferentes áreas al ofrecer herramientas para optimizar procesos de diseño, simular experimentos, generar ideas y identificar oportunidades de mercado. Esto puede impulsar la creatividad y el descubrimiento, generando soluciones innovadoras a problemas complejos y contribuyendo a un progreso tecnológico más rápido y sostenible en áreas como la ciencia, la tecnología, la investigación y el desarrollo de productos y servicios.

- Contribución a la Sostenibilidad y Medio Ambiente: La IA puede ayudar en la búsqueda de soluciones sostenibles y en la protección del medio ambiente. Por ejemplo, puede ser utilizada para optimizar el uso de recursos naturales, mejorar la gestión de energía, optimizar procesos de producción y reducir el impacto ambiental de las actividades humanas. Esto puede contribuir a un desarrollo más sostenible y responsable, en línea con los desafíos actuales relacionados con el cambio climático y la conservación del medio ambiente.

4 ANÁLISIS DE LOS DESAFÍOS ÉTICOS, SOCIALES Y ECONÓMICOS DE LA IA EN LA SOCIEDAD

En conjunto con los beneficios que ofrece, la IA también plantea una serie de desafíos éticos, sociales y económicos que deben ser abordados de manera cuidadosa y reflexiva.

El análisis de los desafíos éticos, sociales y económicos de la IA es un tema de gran relevancia en la actualidad, ya que el rápido avance de la tecnología plantea cuestionamientos profundos sobre su impacto en la sociedad y en la forma en que interactuamos con ella. La ética en la IA implica consideraciones sobre la responsabilidad, la equidad, la transparencia, la privacidad y la seguridad de los datos, entre otros aspectos. Los desafíos sociales de la IA incluyen el impacto en el empleo, la desigualdad, la discriminación, la justicia y la autonomía. En cuanto a los desafíos económicos, se deben analizar aspectos como la concentración del poder, la competitividad, la propiedad intelectual y la distribución de beneficios.

En esta análisis, se examinarán los desafíos éticos, sociales y económicos de la IA en la sociedad. Se abordarán los aspectos más relevantes de cada uno de estos desafíos, ofreciendo un panorama completo de los cuestionamientos y preocupaciones que la IA plantea en la actualidad. Además, se analizarán posibles soluciones y enfoques para abordar estos desafíos, con el objetivo de promover una adopción responsable y beneficiosa de la IA en la sociedad.

Desafíos Éticos de la IA

Uno de los principales desafíos éticos de la IA es la responsabilidad en el uso de la tecnología. La IA plantea preguntas sobre quién es responsable en caso de errores o decisiones incorrectas tomadas por sistemas de IA autónomos. ¿Es el desarrollador, el usuario, o el sistema mismo el responsable? Además, la opacidad de los algoritmos de IA puede dificultar la atribución de responsabilidad y la rendición de cuentas en caso de mal funcionamiento.

Otro desafío ético es la equidad y la justicia en la IA. Los sistemas de IA pueden perpetuar sesgos y discriminaciones existentes en los datos con los que son entrenados, lo que puede resultar en decisiones sesgadas y discriminatorias en áreas como la contratación, el crédito, la justicia penal y la atención médica. La transparencia de los algoritmos y la equidad en su diseño y aplicación son temas clave en la ética de la IA.

La privacidad y seguridad de los datos también son desafíos éticos importantes. La IA se basa en el uso masivo de datos, lo que plantea preocupaciones sobre la protección de la privacidad y la seguridad de la información personal. El acceso no autorizado a datos de IA y el mal uso de la información plantean riesgos para la privacidad y seguridad de las personas, lo que requiere una gestión cuidadosa y responsable de los datos utilizados en los sistemas de IA.

Desafíos Sociales de la IA

La adopción generalizada de la IA en la sociedad también plantea desafíos sociales significativos. Algunos de los desafíos sociales más relevantes relacionados con la IA son:

Impacto en el empleo: La automatización impulsada por la IA tiene el potencial de afectar significativamente el empleo en diversos sectores. A medida que los sistemas de IA se vuelven más capaces de realizar tareas que antes eran realizadas por humanos, existe la preocupación de que se produzca una disminución en la demanda de ciertos puestos de trabajo, lo que podría tener un impacto en la economía y en la vida de las personas. Es necesario considerar cómo se pueden mitigar los posibles efectos negativos en el empleo y cómo se pueden crear oportunidades laborales en un entorno impulsado por la IA.

Desigualdad y discriminación: Los sistemas de IA pueden perpetuar y ampliar desigualdades y discriminaciones existentes en la sociedad. Por ejemplo, los algoritmos de IA utilizados en la selección de candidatos para empleos o en la toma de decisiones judiciales pueden estar sesgados y discriminadores, lo que puede tener un impacto desproporcionado en ciertos grupos de la población, como minorías étnicas o de género. Es fundamental abordar estos sesgos y discriminaciones para garantizar que la IA sea utilizada de manera justa y equitativa, y para evitar la ampliación de desigualdades en la sociedad.

Justicia y responsabilidad: La IA plantea desafíos en la atribución de responsabilidad y en la toma de decisiones justas. Por ejemplo, en casos de accidentes de vehículos autónomos, ¿quién es responsable: el conductor humano, el fabricante del vehículo o el sistema de IA? Además, la toma de decisiones automatizada por parte de sistemas de IA puede tener implicaciones en la justicia y en la equidad, ya que puede no tener en cuenta factores humanos, culturales o sociales relevantes. Es importante abordar estos desafíos para garantizar que las decisiones tomadas por sistemas de IA sean justas, transparentes y responsables.

Autonomía y ética: La creciente autonomía de los sistemas de IA plantea cuestionamientos éticos sobre la delegación de decisiones importantes a máquinas. Por ejemplo, en la medicina, ¿es ético permitir que un sistema de IA tome decisiones sobre diagnósticos y tratamientos sin la intervención humana? También se plantean cuestionamientos sobre la autonomía y la ética en la toma de decisiones en áreas como el transporte autónomo, la seguridad y la seguridad nacional. Es necesario reflexionar sobre los límites éticos y la autonomía en la utilización de la IA en la sociedad.

Cambios en la interacción social: La incorporación generalizada de la IA en la sociedad también puede tener un impacto en la forma en que interactuamos socialmente. Por ejemplo, los asistentes virtuales, chatbots y robots sociales están cambiando la forma en que nos comunicamos y nos relacionamos con la tecnología. Esto plantea desafíos en términos de privacidad, seguridad, confianza y dependencia de la tecnología en nuestras interacciones sociales.

Ética en la investigación y desarrollo de la IA: La investigación y desarrollo de la IA plantea cuestiones éticas importantes, como la transparencia en la publicación de resultados, la colaboración internacional, la seguridad y la responsabilidad en el desarrollo de sistemas de IA. La competencia y la carrera por el liderazgo en la IA pueden plantear preocupaciones sobre la seguridad y la ética en la investigación y desarrollo de la tecnología, lo que destaca la necesidad de establecer estándares éticos y regulaciones adecuadas en este campo.

Exposición de los debates en torno a la privacidad, seguridad, sesgos algorítmicos, desigualdad y pérdida de empleos como consecuencia de la automatización

La creciente adopción de la Inteligencia Artificial (IA) en diferentes aspectos de la sociedad ha llevado a debates y preocupaciones en torno a la privacidad, seguridad y sesgos algorítmicos. Estos temas éticos y sociales han surgido como desafíos significativos en el contexto del rápido avance de la tecnología de IA y su impacto en la vida cotidiana de las personas.

En lo que respecta a la privacidad, la IA ha generado inquietudes sobre la recopilación, almacenamiento y uso de datos personales. Los sistemas de IA a menudo requieren grandes cantidades de datos para su entrenamiento, lo que plantea preguntas sobre la privacidad de los datos y el consentimiento informado de las personas. Además, la capacidad de la IA para analizar y procesar datos sensibles, como información médica o datos financieros, ha generado preocupaciones sobre la seguridad y confidencialidad de la información.

La seguridad también es un tema crítico en el debate sobre la IA. Los sistemas de IA pueden ser vulnerables a ataques cibernéticos y manipulación de datos, lo que podría tener consecuencias graves, como la manipulación de la toma de decisiones automatizadas o el acceso no autorizado a datos sensibles. La seguridad de los sistemas de IA es esencial para garantizar la integridad y confiabilidad de la tecnología, así como para proteger los derechos y privacidad de las personas afectadas por su uso.

Otro debate importante en el campo de la IA es el sesgo algorítmico. Los algoritmos de IA pueden tener sesgos inherentes, ya que son entrenados con datos históricos que pueden reflejar sesgos sociales, culturales o de género. Esto puede resultar en decisiones discriminatorias o injustas tomadas por sistemas de IA, como en la selección de candidatos para empleo, la concesión de préstamos o la toma de decisiones en el ámbito legal. El sesgo algorítmico plantea preocupaciones éticas y sociales sobre la equidad, justicia y discriminación en el uso de la IA.

Además, la automatización también ha generado debates en torno a la desigualdad y la posible pérdida de empleos. La automatización de tareas y procesos en diversos sectores puede tener un impacto en el mercado laboral, con la posibilidad de la desaparición de ciertos empleos o la reestructuración de la fuerza laboral. Esto puede generar desigualdades económicas y sociales, así como desafíos en la capacitación y reconversión laboral de los trabajadores afectados.

Implicaciones de la IA en la economía, la política y la cultura, y cómo pueden afectar la vida cotidiana de las personas

La inteligencia artificial (IA) está transformando rápidamente la forma en que interactuamos con la tecnología, y sus implicaciones van mucho más allá del ámbito técnico. A medida que la IA se vuelve más omnipresente en la sociedad moderna, surgen debates y preocupaciones en áreas como la economía, la política y la cultura. En esta introducción, exploraremos las implicaciones de la IA en estos ámbitos, centrándonos en su impacto en la vida cotidiana de las personas.

En primer lugar, la economía es uno de los sectores que se ve más afectado por la IA. La automatización impulsada por la IA está cambiando la forma en que se llevan a cabo ciertos trabajos, lo que puede tener un impacto significativo en el empleo y en la distribución de la riqueza. Por un lado, la IA puede aumentar la eficiencia y productividad en algunas industrias, lo que puede generar beneficios económicos. Sin embargo, también puede provocar la pérdida de empleos en sectores que son fácilmente automatizables, lo que puede tener consecuencias sociales y económicas negativas, como la desigualdad y la exclusión laboral.

En segundo lugar, la política también se ve afectada por la IA. La IA puede ser utilizada en la toma de decisiones políticas, como en la predicción del comportamiento del votante o en la segmentación de la audiencia para campañas políticas. Sin embargo, también surgen preocupaciones sobre la privacidad, la transparencia y la manipulación de datos en el contexto político. La IA también puede tener un impacto en la gobernanza y la regulación de la tecnología, ya que la velocidad y la complejidad de la evolución de la IA plantean desafíos para la elaboración de políticas adecuadas.

En tercer lugar, la cultura también experimenta cambios debido a la IA. La forma en que consumimos información, interactuamos con la tecnología y nos relacionamos con los demás se ve influenciada por la IA. Por ejemplo, los algoritmos de recomendación de contenido en plataformas de redes sociales y streaming utilizan la IA para personalizar el contenido que se muestra a los usuarios, lo que puede tener implicaciones en la formación de opiniones y en la polarización de la sociedad. Además, la IA también puede tener un impacto en la privacidad y la seguridad de los datos personales, lo que plantea debates en torno a la ética y la protección de la información en un mundo cada vez más impulsado por la tecnología.

En cuarto lugar, la IA también tiene implicaciones en la vida cotidiana de las personas. Por ejemplo, la privacidad se ve afectada por la creciente capacidad de la IA para recopilar, analizar y utilizar grandes cantidades de datos personales. La seguridad también es una preocupación, ya que la IA puede ser utilizada para desarrollar tecnologías de vigilancia, reconocimiento facial y detección de comportamientos sospechosos, lo que plantea cuestionamientos sobre la vigilancia masiva y la invasión de la privacidad. Además, los sesgos algorítmicos, como la discriminación basada en raza, género o clase social, también son preocupaciones éticas y sociales importantes, ya que pueden perpetuar y ampliar las desigualdades existentes en la sociedad.

Investigación de las implicaciones de la IA en la educación y el trabajo: ¿cómo se están adaptando las instituciones educativas y las empresas a la creciente presencia de la IA en el mundo laboral?

La creciente presencia de la Inteligencia Artificial (IA) en el mundo laboral está generando importantes implicaciones tanto en el ámbito educativo como en el sector empresarial. La rápida evolución de la IA y su impacto en la automatización de tareas y procesos ha llevado a la necesidad de adaptación por parte de las instituciones educativas y las empresas para enfrentar los desafíos y aprovechar las oportunidades que esta tecnología ofrece. En este análisis, se examinará cómo se están adaptando las instituciones educativas y las empresas a la creciente presencia de la IA en el mundo laboral, centrándose en las implicaciones en la educación y el trabajo.

Implicaciones en la educación:

La IA está transformando la forma en que se lleva a cabo la educación, desde la enseñanza en el aula hasta el desarrollo de habilidades en el ámbito laboral. Una de las implicaciones más importantes es la necesidad de preparar a los estudiantes para un mundo laboral que está en constante evolución debido a la automatización impulsada por la IA. Esto implica que las instituciones educativas deben adaptar sus programas curriculares para asegurarse de que los estudiantes adquieran las habilidades necesarias para trabajar en un entorno laboral que demanda cada vez más habilidades técnicas y digitales.

Además, la IA también está cambiando la forma en que se lleva a cabo la enseñanza en el aula. Por ejemplo, se están desarrollando sistemas de tutoría inteligente que utilizan algoritmos de IA para adaptar el proceso de enseñanza al ritmo y estilo de aprendizaje de cada estudiante. Esto permite una educación más personalizada y adaptada a las necesidades de cada estudiante. Sin embargo, también plantea cuestionamientos éticos en términos de privacidad y seguridad de los datos de los estudiantes, así como la confiabilidad y sesgos de los algoritmos utilizados en estos sistemas.

Implicaciones en el trabajo:

La IA está cambiando la forma en que se llevan a cabo muchas tareas y procesos en el ámbito laboral. Por un lado, está impulsando la automatización de tareas rutinarias y repetitivas, lo que puede tener un impacto en la pérdida de empleos en algunos sectores. Por otro lado, está creando nuevas oportunidades en áreas como la robótica, la analítica de datos, la ciberseguridad y la atención al cliente, entre otros.

Las empresas están adoptando la IA para mejorar la eficiencia y la productividad en sus operaciones. Esto implica la implementación de algoritmos de IA en áreas como la gestión de la cadena de suministro, la optimización de procesos de producción y la toma de decisiones empresariales basadas en datos. Sin embargo, también se plantean cuestionamientos éticos en torno a la privacidad y seguridad de los datos, así como la posible discriminación o sesgos en los algoritmos utilizados en procesos de selección de personal o evaluación de desempeño.

Adaptación de instituciones educativas y empresas

La creciente presencia de la Inteligencia Artificial (IA) en el mundo laboral y en el ámbito educativo ha llevado a una serie de procesos de adaptación por parte de las instituciones educativas y las empresas para enfrentar los desafíos y aprovechar las oportunidades que esta tecnología ofrece. A continuación, se presentan algunos de los procesos de adaptación que se están llevando a cabo en ambos sectores:

Actualización de programas educativos: Las instituciones educativas están revisando y actualizando sus programas de estudio para incluir contenido relacionado con la IA y otras tecnologías emergentes. Esto implica la incorporación de cursos y capacitaciones en áreas como la programación, el análisis de datos, la ética de la IA y la toma de decisiones basada en datos. Además, se están fomentando enfoques pedagógicos que promuevan habilidades cognitivas, emocionales y sociales, que sean complementarias a las habilidades técnicas que la IA puede realizar.

Formación y capacitación docente: Los docentes también requieren una actualización en sus habilidades y conocimientos para adaptarse a la creciente presencia de la IA en la educación. Se están implementando programas de formación y capacitación docente en el uso de herramientas y tecnologías basadas en la IA, así como en la integración de la IA en los planes de estudio y la promoción de habilidades de enseñanza adaptativa que aprovechen el potencial de la IA en la personalización del aprendizaje.

Reestructuración del mercado laboral: La presencia de la IA en el mundo laboral también está generando cambios en la estructura del mercado laboral. Algunos empleos pueden ser automatizados o reemplazados por la IA, lo que implica que los trabajadores deben adaptarse a nuevas formas de trabajo o adquirir nuevas habilidades para mantenerse relevantes en el mercado laboral. Por lo tanto, se están implementando programas de reentrenamiento y recualificación laboral para ayudar a los trabajadores a adaptarse a las nuevas demandas del mercado laboral impulsadas por la IA.

Énfasis en habilidades humanas: A medida que la IA automatiza tareas rutinarias y repetitivas, se espera que las habilidades humanas, como la creatividad, la resolución de problemas, la toma de decisiones éticas y la comunicación efectiva, cobren mayor importancia en el mundo laboral. Por lo tanto, las instituciones educativas y las empresas están poniendo un mayor énfasis en el desarrollo de habilidades humanas, que son difíciles de replicar por la IA, a través de programas de capacitación y desarrollo profesional.

Ética y seguridad en la IA: La creciente presencia de la IA también plantea preocupaciones éticas y de seguridad en los ámbitos educativos y laborales. Se está poniendo un mayor énfasis en la ética y la seguridad en el diseño, desarrollo y uso de sistemas de IA para evitar sesgos algorítmicos, proteger la privacidad de los datos y garantizar un uso responsable y ético de la tecnología.

5 EXPLORACIÓN DE LOS POSIBLES ESCENARIOS FUTUROS EN TÉRMINOS DE EMPLEO, HABILIDADES NECESARIAS Y LA REESTRUCTURACIÓN DEL MERCADO LABORAL DEBIDO A LA IA.

La creciente presencia de la Inteligencia Artificial (IA) en el mundo laboral está generando un profundo impacto en la forma en que trabajamos y en la estructura del mercado laboral. La IA, con su capacidad para automatizar tareas y procesos, así como para analizar grandes cantidades de datos, está transformando la forma en que se llevan a cabo diversas actividades en el ámbito laboral. Esto plantea una serie de desafíos y oportunidades para los trabajadores, las empresas y la sociedad en general.

En este análisis, exploraremos los posibles escenarios futuros en términos de empleo, las habilidades necesarias y la re estructuración del mercado laboral debido a la IA. Examinaremos cómo la IA está cambiando la forma en que las empresas operan y cómo se adaptan las instituciones educativas y las empresas a esta creciente presencia de la IA. Además, discutiremos los desafíos y oportunidades asociados con la implementación de la IA en el ámbito laboral, incluyendo la privacidad, la seguridad, los sesgos algorítmicos, la desigualdad y la pérdida de empleos. También examinaremos cómo la IA puede tener implicaciones en la economía, la política y la cultura, y cómo puede afectar la vida cotidiana de las personas.

Exploración de posibles escenarios futuros:

La introducción generalizada de la IA en el ámbito laboral plantea varios escenarios futuros posibles en términos de empleo, habilidades necesarias y la reestructuración del mercado laboral. A continuación, se describen algunos de estos posibles escenarios:

Automatización de tareas rutinarias: Una de las principales implicaciones de la IA en el ámbito laboral es la automatización de tareas rutinarias y repetitivas. Con la capacidad de la IA para realizar tareas como análisis de datos, clasificación de información, atención al cliente, entre otras, de manera rápida y precisa, es posible que muchas actividades laborales sean automatizadas, lo que podría resultar en la pérdida de empleos en aquellos sectores en los que estas tareas son comunes.

Cambios en las habilidades necesarias: La creciente presencia de la IA en el mundo laboral también implica cambios en las habilidades necesarias para el trabajo. A medida que la automatización de tareas rutinarias aumenta, se espera que la demanda de habilidades cognitivas, creativas y emocionales aumente. Por lo tanto, es probable que las habilidades como la resolución de problemas, el pensamiento crítico, la adaptabilidad, la creatividad y la inteligencia emocional sean cada vez más valoradas en el mercado laboral.

Re estructuración del mercado laboral: La implementación de la IA también puede tener un impacto en la estructura del mercado laboral. Es posible que se produzcan cambios en la demanda de diferentes tipos de empleos y en la distribución geográfica de los empleos. Por ejemplo, algunos sectores pueden experimentar una disminución en la demanda de empleos debido a la automatización de tareas, mientras que otros sectores, como la tecnología de la información, la ciberseguridad y la ciencia de datos, pueden experimentar un aumento en la demanda de empleos relacionados con la IA.

Oportunidades y desafíos de la formación y capacitación para los trabajadores del futuro en conjunto con la IA

Las oportunidades y desafíos de la formación y capacitación para los trabajadores del futuro en conjunto con la Inteligencia Artificial (IA) son numerosos. Aquí hay algunas consideraciones clave:

Oportunidades:

Mejora de la eficiencia en la formación y capacitación: La IA puede ayudar a personalizar la formación y capacitación de los trabajadores, adaptándola a las necesidades individuales de cada empleado y proporcionando retroalimentación en tiempo real. Esto puede aumentar la eficiencia del proceso de aprendizaje y acelerar la adquisición de habilidades.

Aprendizaje continuo: La IA puede proporcionar herramientas y plataformas de aprendizaje en línea que permiten a los trabajadores acceder a recursos de aprendizaje continuo en cualquier momento y lugar, lo que facilita la actualización constante de habilidades a lo largo de la vida laboral.

Nuevas oportunidades laborales: La IA tiene el potencial de crear nuevas oportunidades laborales en campos emergentes relacionados con la tecnología, como la programación de IA, la robótica, la ciberseguridad y la analítica de datos, lo que puede abrir nuevas posibilidades de empleo para los trabajadores del futuro.

Mejora de la toma de decisiones: La IA puede proporcionar análisis de datos y herramientas de toma de decisiones basadas en datos que pueden ayudar a los trabajadores a tomar decisiones informadas y estratégicas en sus roles laborales.

Desafíos:

Reemplazo de empleos: La automatización impulsada por la IA puede resultar en la eliminación de ciertos empleos que son rutinarios o repetitivos, lo que puede representar un desafío para los trabajadores cuyas habilidades se vuelven obsoletas.

Desigualdad en el acceso y la adopción de la formación en IA: No todos los trabajadores tendrán acceso igualitario a la formación y capacitación en IA, lo que podría ampliar la brecha de habilidades y la desigualdad en el lugar de trabajo.

Ética y privacidad: La IA plantea preocupaciones éticas y de privacidad en términos de cómo se recopilan, utilizan y protegen los datos de los trabajadores en los procesos de formación y capacitación.

Reskilling y upskilling: La rápida evolución de la tecnología y la adopción de la IA requerirán que los trabajadores se actualicen constantemente en términos de habilidades y conocimientos, lo que puede ser un desafío para muchos trabajadores que necesiten reentrenarse o mejorar sus habilidades.

Cambios en la dinámica laboral: La incorporación de la IA en el lugar de trabajo puede cambiar la dinámica laboral y requerir una reestructuración de los roles y responsabilidades de los trabajadores, lo que puede resultar en incertidumbre y resistencia al cambio.

6 INTELIGENCIA ARTIFICIAL Y SALUD

La inteligencia artificial (IA) está transformando la forma en que se proporciona atención médica y está teniendo un impacto significativo en la salud y el bienestar de las personas en todo el mundo. Algunos de los efectos más notables de la IA en la salud y el bienestar son:

- Medicina personalizada: la IA está siendo utilizada para analizar grandes cantidades de datos de pacientes y crear modelos personalizados para el tratamiento de enfermedades. Esto permite a los médicos diseñar planes de tratamiento específicos para cada paciente y mejorar la precisión de los diagnósticos.

- Detección temprana de enfermedades: los algoritmos de aprendizaje automático se están utilizando para analizar datos de pacientes y detectar patrones que podrían indicar enfermedades. Esto permite a los médicos identificar enfermedades en una etapa temprana, lo que aumenta las posibilidades de éxito del tratamiento.

- Mejora de la precisión de los diagnósticos: la IA está siendo utilizada para analizar imágenes médicas y otras pruebas diagnósticas, lo que aumenta la precisión de los diagnósticos. Esto ayuda a los médicos a identificar enfermedades más rápidamente y proporcionar un tratamiento más efectivo.
- Monitoreo remoto de pacientes: la IA está siendo utilizada para

monitorear a pacientes en tiempo real y proporcionar alertas tempranas de posibles complicaciones. Esto permite a los médicos intervenir rápidamente y prevenir problemas de salud más graves.

● Optimización de la atención médica: la IA está siendo utilizada para optimizar la atención médica y mejorar la eficiencia de los procesos médicos. Esto puede ayudar a reducir los costos y mejorar la calidad de la atención médica.

La ética de la IA en el campo de la salud, incluyendo la toma de decisiones clínicas, la privacidad de los datos y la responsabilidad de los algoritmos

La implementación de la inteligencia artificial (IA) en el campo de la salud tiene el potencial de mejorar significativamente la atención médica y el bienestar de las personas. Sin embargo, también plantea importantes cuestiones éticas relacionadas con la toma de decisiones clínicas, la privacidad de los datos y la responsabilidad de los algoritmos. A continuación, se discuten algunos de estos temas éticos y las preocupaciones asociadas.

En cuanto a la toma de decisiones clínicas, existe la preocupación de que la IA pueda reemplazar el juicio clínico humano y reducir la autonomía de los médicos. La IA puede ser muy precisa en el análisis de grandes cantidades de datos, pero es importante recordar que no puede tomar en cuenta todo el contexto clínico de un paciente. Es esencial que los médicos mantengan su papel como líderes en la toma de decisiones clínicas, asegurándose de que la IA se utilice como una herramienta para mejorar, no para reemplazar, su capacidad de toma de decisiones.

Otra preocupación importante es la privacidad de los datos de los pacientes. La recopilación y el análisis de grandes cantidades de datos de pacientes pueden generar preocupaciones sobre la privacidad de la información personal de los pacientes. Es importante que las organizaciones de salud implementen medidas sólidas para proteger la privacidad de los datos, asegurándose de que los pacientes estén informados y consientan el uso de sus datos para la investigación médica y el desarrollo de la IA.

La responsabilidad de los algoritmos también es un tema ético importante. La IA no es infalible y puede cometer errores en la toma de decisiones médicas. Es importante establecer un marco ético y legal para garantizar que las decisiones de la IA sean transparentes y responsables. Además, es importante que se desarrolle un sistema de supervisión y control para detectar y corregir errores de la IA.

Otra preocupación ética es la posibilidad de que la IA pueda perpetuar o incluso amplificar las desigualdades existentes en la atención médica. Si se utilizan datos históricos que reflejen desigualdades, como la falta de acceso a la atención médica o el sesgo en el diagnóstico, la IA puede perpetuar esas desigualdades. Es importante tener en cuenta las implicaciones éticas de la selección y uso de los datos en la IA, para garantizar que se utilicen datos equitativos y justos.

Retos y beneficios de la implementación de la IA en la mejora de la calidad de vida de las personas

La implementación de la inteligencia artificial (IA) en la mejora de la calidad de vida de las personas tiene el potencial de generar una gran cantidad de beneficios, pero también presenta importantes desafíos que deben ser considerados cuidadosamente. A continuación, se discuten algunos de los retos y beneficios clave de la implementación de la IA en la mejora de la calidad de vida de las personas.

Beneficios:

Mejora de la eficiencia: La IA puede automatizar muchas tareas y procesos que son tediosos o repetitivos para los humanos, lo que puede liberar a las personas para realizar tareas más creativas o estratégicas. Esto puede mejorar la eficiencia en muchas áreas de la vida, como la industria, el comercio, la atención médica y la educación.

Personalización: La IA puede utilizar datos sobre las preferencias y necesidades individuales para personalizar la experiencia de usuario, lo que puede mejorar la calidad de vida de las personas. Por ejemplo, la IA puede ser utilizada para personalizar la atención médica, la educación o el entretenimiento para satisfacer las necesidades individuales.

Prevención de enfermedades: La IA puede ser utilizada para analizar grandes cantidades de datos de salud y predecir el riesgo de enfermedades en personas individuales, lo que puede ayudar a prevenir enfermedades antes de que ocurran.

Solución de problemas complejos: La IA puede ser utilizada para abordar problemas complejos en áreas como la ciencia, la ingeniería y la tecnología, lo que puede mejorar la calidad de vida de las personas al encontrar soluciones más eficaces y eficientes a problemas difíciles.

Retos:

Sesgo: La IA puede ser influenciada por los sesgos humanos y perpetuar la discriminación y la desigualdad existentes en la sociedad. Es importante abordar los sesgos en los algoritmos de IA y garantizar que los datos utilizados para entrenarlos sean representativos y justos.

Privacidad: La IA implica la recopilación y el análisis de grandes cantidades de datos personales, lo que plantea preocupaciones de privacidad. Es importante implementar medidas adecuadas de protección de datos para garantizar que la privacidad de las personas se mantenga.

Cambio en el mercado laboral: La automatización de tareas y procesos mediante la IA puede tener un impacto significativo en el mercado laboral, ya que muchas tareas y trabajos pueden ser realizados por máquinas en lugar de personas. Es importante abordar los desafíos del cambio en el mercado laboral para garantizar que los beneficios de la IA se extiendan a todos.

Control: La IA puede tomar decisiones autónomas sin intervención humana, lo que plantea preguntas sobre quién es responsable de las decisiones tomadas por la IA. Es importante desarrollar un marco ético y legal para garantizar que la IA sea responsable y transparente en su toma de decisiones.

7 IMPACTO DE LA IA EN LA SOCIEDAD GLOBAL

¿cómo puede influir en la política, la economía y las relaciones internacionales?

La inteligencia artificial (IA) está teniendo un impacto significativo en la sociedad global y está transformando muchos aspectos de la vida moderna, incluyendo la política, la economía y las relaciones internacionales. A continuación, se discuten algunos de los posibles impactos de la IA en estas áreas:

Política:

- Automatización de procesos políticos: La IA puede ser utilizada para automatizar muchos procesos políticos, como la toma de decisiones, el análisis de datos y la predicción de resultados electorales.
- Mejora de la eficiencia gubernamental: La IA puede ser utilizada para mejorar la eficiencia gubernamental, lo que puede permitir a los gobiernos proporcionar servicios más efectivos y eficientes a sus ciudadanos.
- Cuestiones éticas y de privacidad: La implementación de la IA en la política plantea preocupaciones éticas y de privacidad, como la transparencia y responsabilidad en la toma de decisiones.

Economía:

- Automatización de tareas: La IA puede ser utilizada para automatizar tareas y procesos en la industria, lo que puede mejorar la eficiencia y reducir los costos de producción.

- Mejora de la toma de decisiones: La IA puede ser utilizada para analizar grandes cantidades de datos y mejorar la toma de decisiones empresariales.

- Cambios en el mercado laboral: La automatización de tareas puede tener un impacto significativo en el mercado laboral, lo que puede requerir una reconfiguración de la fuerza laboral y de las habilidades necesarias.

Relaciones internacionales:

- Diplomacia digital: La IA puede ser utilizada para mejorar la diplomacia digital y la comunicación entre los países.

- Seguridad nacional: La IA puede ser utilizada para mejorar la seguridad nacional y la defensa en áreas como la vigilancia y el análisis de amenazas.

- Cooperación internacional: La implementación de la IA puede fomentar la cooperación internacional en áreas como la investigación y el desarrollo.

Desafíos éticos y sociales de la IA en el contexto de la igualdad, diversidad, justicia y derechos humanos

La inteligencia artificial (IA) ha revolucionado muchos aspectos de la sociedad moderna, desde la economía y la tecnología hasta la política y la seguridad nacional. Sin embargo, también ha planteado importantes desafíos éticos y sociales, particularmente en lo que se refiere a la igualdad, la diversidad, la justicia y los derechos humanos.

En el contexto de la igualdad, la IA puede perpetuar o incluso amplificar las desigualdades existentes en la sociedad, ya sea a través de la recopilación y uso de datos sesgados o de la falta de diversidad en el diseño y desarrollo de los algoritmos. Esto puede llevar a una discriminación algorítmica, en la que los sistemas de IA toman decisiones sesgadas en detrimento de ciertos grupos de la sociedad.

En cuanto a la diversidad, la falta de diversidad en la industria de la tecnología y en los equipos de desarrollo de IA puede llevar a la creación de sistemas que no tienen en cuenta las necesidades y experiencias de grupos marginados o subrepresentados. Por lo tanto, es importante fomentar la diversidad en la industria de la tecnología para garantizar que los sistemas de IA sean inclusivos y equitativos.

La justicia también es un tema crítico en el contexto de la IA. Los sistemas de IA pueden ser utilizados para apoyar la justicia, como en la predicción del riesgo de reincidencia o la identificación de crímenes, pero también pueden perpetuar la injusticia si se utilizan para aplicar sistemas de castigo sesgados o discriminatorios. Es importante considerar la justicia en el diseño y desarrollo de los sistemas de IA para garantizar que no se perpetúen o amplifiquen las desigualdades existentes.

Por último, los derechos humanos también son un tema crítico en el contexto de la IA. La recopilación y uso de datos por parte de sistemas de IA pueden plantear preocupaciones sobre la privacidad y la seguridad de los datos, y los sistemas de IA también pueden ser utilizados para violar los derechos humanos, como en la vigilancia masiva y la toma de decisiones automatizada en asuntos críticos.

Debate sobre la necesidad de regulaciones y políticas gubernamentales adecuadas para garantizar un desarrollo responsable y ético de la IA en la sociedad

El debate sobre la necesidad de regulaciones y políticas gubernamentales adecuadas para garantizar un desarrollo responsable y ético de la inteligencia artificial (IA) en la sociedad es un tema muy importante y debatido actualmente.

Por un lado, algunos argumentan que las regulaciones y políticas gubernamentales son necesarias para proteger a los ciudadanos de los posibles impactos negativos de la IA, como la discriminación algorítmica, la falta de transparencia en la toma de decisiones y la violación de la privacidad de los datos personales. Además, las regulaciones y políticas pueden ayudar a asegurar que la IA se utilice de manera responsable y ética, sin poner en peligro la seguridad y el bienestar de las personas.

Por otro lado, algunos sostienen que la regulación excesiva podría frenar la innovación y el progreso en el campo de la IA, y que la industria de la tecnología debería autorregularse. Argumentan que las empresas de tecnología están mejor posicionadas para garantizar un desarrollo responsable y ético de la IA, ya que pueden ser más ágiles en la adaptación a los cambios tecnológicos y las necesidades del mercado.

Sin embargo, es importante tener en cuenta que la autorregulación puede no ser suficiente para garantizar que la IA se desarrolle de manera responsable y ética. Muchas empresas pueden estar más preocupadas por obtener ganancias y mantener su ventaja competitiva que por garantizar la seguridad y el bienestar de las personas. Además, la autorregulación puede ser difícil de aplicar en un contexto global, donde los estándares éticos y legales pueden variar ampliamente de un país a otro.

8 ¿CÓMO PODEMOS PREPARARNOS PARA EL FUTURO DE LA HUMANIDAD EN LA ERA DE LA INTELIGENCIA ARTIFICIAL?

Prepararse para el futuro de la humanidad en la era de la Inteligencia Artificial (IA) es un desafío complejo que requiere una combinación de acciones individuales y colectivas en diferentes áreas. A continuación, se presentan algunas sugerencias para prepararnos para el futuro de la humanidad en la era de la IA:

Educación y formación: Es importante invertir en educación y formación en habilidades digitales, de programación y de análisis de datos para estar preparados para los trabajos del futuro en un mundo cada vez más impulsado por la tecnología de la IA.

Investigación y desarrollo: Es necesario fomentar la investigación y el desarrollo de la IA de manera responsable y ética, para garantizar que la tecnología se utilice para el beneficio de la humanidad.

Políticas y regulaciones: Es necesario establecer políticas y regulaciones que fomenten un desarrollo responsable y ético de la IA, garantizando la privacidad y seguridad de los datos, la transparencia en la toma de decisiones y la equidad en la distribución de beneficios y oportunidades.

Colaboración internacional: Es importante fomentar la

colaboración internacional en el desarrollo y aplicación de la IA, garantizando la cooperación y el intercambio de conocimientos para maximizar los beneficios y minimizar los riesgos.

Adaptabilidad y flexibilidad: Es necesario ser adaptables y flexibles en un mundo en constante cambio impulsado por la tecnología de la IA. Debemos estar dispuestos a aprender nuevas habilidades y adaptarnos a los cambios en la tecnología y el mercado laboral.

Ética y valores: Debemos mantener un enfoque ético y centrado en los valores en la aplicación de la IA, asegurándonos de que la tecnología se utilice para el bien común y la mejora de la calidad de vida de las personas.

¿Cuál es el papel de la sociedad y los individuos en el manejo y uso de la IA de manera responsable?

El papel de la sociedad y los individuos en el manejo y uso responsable de la Inteligencia Artificial (IA) es fundamental. A continuación, se presentan algunas de las acciones que la sociedad y los individuos pueden tomar para garantizar el uso responsable de la IA:

Conciencia y educación: La sociedad y los individuos deben estar conscientes de los beneficios y riesgos de la IA y educarse sobre su uso y aplicación en diferentes ámbitos, incluyendo la ética y la privacidad.

Participación en el diálogo: La sociedad y los individuos deben participar activamente en el diálogo sobre el uso de la IA y sus implicaciones en la sociedad. Esto incluye el fomento de la discusión y la colaboración en la creación de políticas y regulaciones relacionadas con la IA.

Responsabilidad y transparencia: Las empresas y organizaciones que desarrollan y utilizan la IA deben ser responsables y transparentes en su uso y aplicación. La sociedad y los individuos deben exigir transparencia y responsabilidad a los desarrolladores y proveedores de tecnología de IA.

Participación en la regulación: La sociedad y los individuos pueden participar en la regulación y supervisión de la IA a través de organizaciones y grupos que promuevan el uso responsable y ético de la tecnología.

Desarrollo de habilidades: Los individuos pueden desarrollar habilidades en el uso de la IA y la comprensión de su impacto en la sociedad y la economía, lo que les permitirá tomar decisiones informadas en su uso y aplicación.

Promoción de la diversidad y la inclusión: La sociedad y los individuos deben promover la diversidad y la inclusión en el desarrollo y uso de la IA, garantizando que la tecnología sea accesible y beneficiosa para todas las personas y comunidades, sin importar su origen, género, raza, religión u orientación sexual.

Cómo enfrentar los retos y oportunidades que la IA presenta en el futuro

Para enfrentar los retos y oportunidades que la IA presenta en el futuro, se deben tomar en cuenta los siguientes puntos:

Investigación y desarrollo responsable: La investigación y el desarrollo responsable deben ser una prioridad en la IA. Es importante que los científicos y desarrolladores trabajen en colaboración con la sociedad y los reguladores para garantizar que la IA se desarrolle de manera segura, ética y responsable.

Políticas y regulaciones adecuadas: Las políticas y regulaciones adecuadas son necesarias para garantizar el uso responsable de la IA. Los gobiernos deben trabajar en colaboración con la sociedad y la industria para crear regulaciones y políticas efectivas que garanticen la seguridad y la privacidad de los datos, así como la igualdad y justicia en su aplicación.

Educación y formación: La educación y la formación son fundamentales para enfrentar los retos y oportunidades de la IA. Los programas educativos deben incluir el aprendizaje de habilidades relevantes para la IA, así como la comprensión de su impacto en la sociedad y la economía.

Inclusión y diversidad: La inclusión y diversidad son importantes en el desarrollo y uso de la IA. Es necesario que los equipos de desarrollo de la IA sean diversos y representen una variedad de perspectivas, lo que puede ayudar a reducir los sesgos y garantizar que la tecnología sea beneficiosa para todas las personas y comunidades.

Responsabilidad social: La responsabilidad social debe ser un factor clave en la implementación de la IA. Los desarrolladores y las empresas deben ser responsables de los impactos de la IA y trabajar en colaboración con la sociedad para garantizar que se utilice de manera responsable y ética.

Colaboración internacional: La colaboración internacional es importante para enfrentar los desafíos y aprovechar las oportunidades de la IA. Los gobiernos, las empresas y las organizaciones internacionales deben trabajar juntos para establecer estándares y políticas globales que garanticen el uso responsable y seguro de la IA.

Impacto de la IA en la sociedad y las implicaciones que esto tiene en la humanidad

El impacto de la IA en la sociedad es cada vez más evidente, y sus implicaciones en la humanidad son significativas. A continuación, se presentan algunos de los principales impactos y consecuencias de la IA en la sociedad:

Automatización de trabajos: La IA está transformando la forma en que se realizan ciertos trabajos. A medida que se automatizan tareas y procesos, algunas personas pueden perder sus trabajos, mientras que otras pueden necesitar adquirir nuevas habilidades para adaptarse a los cambios.

Mejora de la eficiencia y productividad: La IA puede mejorar la eficiencia y productividad en una amplia variedad de industrias y sectores. Por ejemplo, en la industria manufacturera, la IA puede mejorar la eficiencia de las líneas de producción al optimizar los procesos y reducir los tiempos de inactividad.

Avances en la medicina y la salud: La IA está revolucionando la medicina y la salud, permitiendo la creación de nuevas tecnologías y herramientas para el diagnóstico, tratamiento y prevención de enfermedades.

Mayor acceso a la información y servicios: La IA puede mejorar el acceso a la información y servicios para las personas. Por ejemplo, los chatbots basados en IA pueden proporcionar asistencia al cliente las 24 horas del día, los 7 días de la semana, y la IA puede mejorar la eficiencia de los servicios gubernamentales y de la atención médica.

Preocupaciones éticas y de privacidad: La IA plantea preocupaciones éticas y de privacidad relacionadas con la recolección, el almacenamiento y el uso de datos personales. También pueden surgir cuestiones éticas relacionadas con la toma de decisiones basada en algoritmos y la responsabilidad de los sistemas de IA en el caso de decisiones erróneas o dañinas.

Desafíos regulatorios y de gobernanza: La IA plantea desafíos regulatorios y de gobernanza. Se necesitan políticas y regulaciones efectivas para garantizar que la IA se desarrolle y se utilice de manera segura, ética y responsable.

Cómo la IA podrían afectar la inteligencia humana y la sociedad en general

La Inteligencia Artificial (IA) podría afectar a la inteligencia humana de varias maneras. Por un lado, la IA podría ampliar y mejorar nuestras capacidades cognitivas. Por ejemplo, los sistemas de IA pueden procesar grandes cantidades de datos y encontrar patrones complejos mucho más rápido de lo que cualquier ser humano podría hacerlo. Además, la IA puede proporcionar recomendaciones y sugerencias útiles que podrían mejorar nuestras decisiones y reducir errores.

Por otro lado, la dependencia excesiva de la IA podría disminuir nuestra capacidad para tomar decisiones independientes y desarrollar habilidades críticas de pensamiento y resolución de problemas. Si confiamos demasiado en la IA para tomar decisiones, es posible que perdamos la capacidad de tomar decisiones basadas en el juicio y la intuición humana.

Además, la automatización y la IA también podrían afectar nuestra capacidad para aprender y adquirir nuevas habilidades. Por ejemplo, si los trabajos se automatizan a una tasa alta, es posible que se reduzca la cantidad de oportunidades para que las personas adquieran nuevas habilidades y se desarrollen profesionalmente.

9 SALUD DE LAS PERSONAS CON RESPECTO A LA IA

¿Cómo podría la IA afectar la salud mental y el bienestar de las personas?

La IA puede tener un impacto tanto positivo como negativo en la salud mental y el bienestar de las personas.

Diagnóstico y tratamiento de trastornos mentales: La IA puede ayudar a los profesionales de la salud a diagnosticar y tratar trastornos mentales de manera más efectiva y precisa. Por ejemplo, los algoritmos de aprendizaje automático pueden analizar grandes cantidades de datos de pacientes y encontrar patrones que indiquen un mayor riesgo de un trastorno mental. También puede ayudar a personalizar los tratamientos para cada paciente.

Salud digital: Las aplicaciones y dispositivos de salud digital basados en IA pueden proporcionar herramientas y recursos para ayudar a las personas a controlar y mejorar su salud mental. Por ejemplo, las aplicaciones de meditación y terapia en línea pueden ayudar a las personas a manejar el estrés y la ansiedad.

Sesgos algorítmicos: Los algoritmos de IA también pueden ser sesgados y perpetuar prejuicios y discriminación. Si estos algoritmos se utilizan en la atención de la salud mental, podrían perpetuar estigmas y prejuicios hacia ciertos grupos de personas, lo que podría empeorar su salud mental y bienestar.

Dependencia tecnológica: Si bien la tecnología puede ser útil, también puede llevar a la dependencia y el aislamiento social. Las personas pueden sentirse más cómodas interactuando con una aplicación de terapia en línea que con un terapeuta humano, lo que podría llevar a una disminución de la conexión social y la empatía.

En general, la IA tiene el potencial de tener un impacto significativo en la salud mental y el bienestar de las personas. Es importante tener en cuenta tanto los aspectos positivos como los negativos y asegurarse de que la tecnología se utilice de manera responsable y ética.

¿Podría la automatización reducir el estrés en el trabajo o aumentar la ansiedad relacionada con la inseguridad laboral?

La automatización puede tener tanto efectos positivos como negativos en la salud mental de los trabajadores. Por un lado, la automatización puede reducir el estrés en el trabajo al eliminar tareas tediosas o peligrosas, permitiendo que los trabajadores se concentren en tareas más interesantes y significativas. Esto puede mejorar la satisfacción laboral y reducir el estrés relacionado con el trabajo.

Sin embargo, la automatización también puede aumentar la ansiedad relacionada con la inseguridad laboral. A medida que se automatizan tareas y procesos, algunos trabajos pueden desaparecer y los trabajadores pueden temer perder sus empleos. La incertidumbre laboral puede generar ansiedad y estrés, especialmente si los trabajadores no están seguros de cómo adaptarse a los cambios.

Es importante tener en cuenta que la automatización no es la única causa de la inseguridad laboral y la ansiedad en el trabajo. Otros factores, como la competencia global y las fluctuaciones económicas, también pueden afectar la seguridad laboral. Por lo tanto, es esencial que las empresas y los gobiernos trabajen juntos para mitigar los efectos negativos de la automatización y garantizar que se utilice de manera responsable y beneficiosa para la sociedad. Esto puede incluir programas de reentrenamiento para trabajadores desplazados, políticas de seguridad laboral y programas de apoyo para la salud mental en el lugar de trabajo.

10 ECONOMÍA Y LA IA

La automatización y la inteligencia artificial (IA) tienen el potencial de transformar profundamente la economía y la sociedad, lo que podría tener efectos tanto positivos como negativos en la desigualdad económica y social.

En primer lugar, la automatización y la IA podrían aumentar la productividad y reducir los costos de producción, lo que podría llevar a un aumento de la riqueza y la creación de nuevos empleos en algunos sectores. Sin embargo, también es posible que la automatización y la IA eliminen o reduzcan significativamente algunos trabajos, especialmente aquellos que implican tareas rutinarias y repetitivas, lo que podría aumentar la brecha entre los trabajadores calificados y los no calificados.

Además, la automatización y la IA podrían afectar la distribución del ingreso, ya que es probable que los beneficios económicos de la automatización y la IA se concentren en las empresas y los inversores que poseen y controlan la tecnología. Si no se toman medidas para redistribuir la riqueza y los ingresos de manera justa, la automatización y la IA podrían aumentar la desigualdad económica y social.

Por otro lado, la IA también podría ser utilizada para reducir la discriminación y promover la igualdad de oportunidades. Por ejemplo, los algoritmos de aprendizaje automático pueden ayudar a las empresas a identificar y eliminar prejuicios en sus procesos de contratación y promoción. Asimismo, la IA podría ser utilizada para mejorar la atención sanitaria y la educación, lo que podría reducir las desigualdades en la salud y el acceso a la educación.

11 IMPLICACIONES ÉTICAS Y MORALES DE LA IA, INCLUYENDO TEMAS COMO LA PRIVACIDAD, LA DISCRIMINACIÓN ALGORÍTMICA, LA SEGURIDAD Y LA RESPONSABILIDAD

La recopilación y uso de datos personales para entrenar sistemas de IA plantea importantes implicaciones éticas y morales. A continuación, se presentan algunos aspectos a considerar:

Privacidad y seguridad de los datos: La recopilación de datos personales sin el consentimiento explícito de las personas podría ser percibida como una invasión de la privacidad y un riesgo para la seguridad de los datos. Además, la posibilidad de que estos datos sean compartidos o vendidos a terceros sin el conocimiento de las personas podría aumentar el riesgo de fraude o robo de identidad.

Sesgos y discriminación: Los datos utilizados para entrenar sistemas de IA pueden contener sesgos y prejuicios. Si estos sesgos se incorporan en los sistemas de IA, podrían perpetuar la discriminación y la injusticia.

Transparencia y responsabilidad: Las empresas y los gobiernos que recopilan datos personales para entrenar sistemas de IA deben ser transparentes sobre sus prácticas y responsables de garantizar que los datos se utilicen de manera ética y responsable.

En cuanto a si se debería permitir que las empresas o el gobierno recopilen datos personales sin el consentimiento explícito de las personas, la respuesta depende del contexto y de la legislación aplicable. En muchos países, existen leyes que regulan la recopilación y uso de datos personales, estableciendo requisitos para el consentimiento explícito y la transparencia en las prácticas de recopilación de datos.

Es importante garantizar que las personas tengan la opción de decidir si quieren o no compartir sus datos personales y que se les informe sobre cómo se utilizarán esos datos. También es importante que se promueva la educación y la conciencia pública sobre el uso ético y responsable de la IA y los datos personales.

¿Cómo puede la IA perpetuar la discriminación y la desigualdad? ¿Qué podemos hacer para garantizar que los sistemas de IA sean justos e imparciales?

La IA puede perpetuar la discriminación y la desigualdad de diversas maneras. A continuación, se presentan algunos ejemplos:

Sesgos en los datos: Los sistemas de IA se entrenan con datos históricos, y si esos datos contienen sesgos y prejuicios, los sistemas de IA pueden aprender y perpetuar esos sesgos. Por ejemplo, si un sistema de IA se entrena con datos de contratación históricos que favorecen a los hombres, es posible que el sistema tenga un sesgo hacia los hombres en su proceso de selección de candidatos.

Falta de diversidad en el equipo de desarrollo: Si los equipos de desarrollo de IA no son diversos, es posible que no tengan en cuenta las perspectivas y experiencias de grupos subrepresentados. Esto podría llevar a sistemas de IA que no tienen en cuenta las necesidades de estos grupos y perpetuar la discriminación y la desigualdad.

Falta de transparencia y explicabilidad: Si los sistemas de IA no son transparentes en cómo toman decisiones, es posible que sea difícil identificar y corregir los sesgos y discriminaciones. Además, si las decisiones de los sistemas de IA no se pueden explicar, es posible que se perpetúen las decisiones injustas e imparciales.

Para garantizar que los sistemas de IA sean justos e imparciales, es importante tomar medidas activas para abordar los sesgos y prejuicios en los datos y en los equipos de desarrollo. Algunas acciones específicas que se pueden tomar incluyen:

Recopilar y utilizar datos que sean representativos y equilibrados, y asegurarse de que los datos no estén sesgados por factores como el género, la raza o la edad.

Crear equipos de desarrollo de IA diversos y con experiencia en diversidad e inclusión.

Establecer normas y regulaciones para garantizar que los sistemas de IA sean justos, transparentes y explicables.

Incorporar pruebas de sesgo y discriminación en la evaluación de los sistemas de IA.

Promover la educación y conciencia pública sobre la importancia de la equidad y la imparcialidad en la IA.

Es importante que se adopten enfoques éticos y responsables para la IA, y que se tomen medidas para garantizar que los sistemas de IA se utilicen de manera justa y equitativa.

¿Quién es responsable cuando los sistemas de IA toman decisiones incorrectas o perjudiciales?

La pregunta de la responsabilidad en caso de decisiones incorrectas o perjudiciales tomadas por sistemas de IA es un tema complejo y en constante evolución. En general, hay varias partes que pueden ser consideradas responsables, incluyendo:

Desarrolladores y proveedores de sistemas de IA: los desarrolladores y proveedores de sistemas de IA son responsables de asegurarse de que los sistemas sean seguros y precisos, y de minimizar cualquier sesgo o discriminación en los algoritmos utilizados.

Los propietarios de los sistemas de IA: Los propietarios de los sistemas de IA son responsables de asegurarse de que los sistemas sean utilizados de manera ética y responsable, y de garantizar que se implementen políticas adecuadas para proteger la privacidad y la seguridad de los datos.

Los usuarios finales de los sistemas de IA: Los usuarios finales de los sistemas de IA también tienen una responsabilidad en su uso, ya que deben garantizar que las decisiones tomadas por el sistema sean justas e imparciales, y deben ser conscientes de cualquier posible impacto negativo en la privacidad o seguridad de los datos.

Reguladores y legisladores: Los reguladores y legisladores también tienen una responsabilidad en la supervisión de los sistemas de IA y en la creación de políticas adecuadas para garantizar que los sistemas sean justos, imparciales y seguros.

Es importante tener en cuenta que la responsabilidad por decisiones incorrectas o perjudiciales tomadas por sistemas de IA puede ser compartida por varias partes, dependiendo del contexto y la situación específica. En última instancia, es importante que todas las partes involucradas trabajen juntas para garantizar que los sistemas de IA sean seguros, precisos y justos, y para minimizar cualquier posible impacto negativo en la privacidad y la seguridad de los datos.

¿Deberían las empresas o los desarrolladores de IA ser responsables de los resultados de sus sistemas?

La respuesta corta es: Sí.

Las empresas y los desarrolladores de IA deberían ser responsables de los resultados de sus sistemas. Como mencioné anteriormente, la responsabilidad en caso de decisiones incorrectas o perjudiciales tomadas por sistemas de IA puede ser compartida por varias partes, pero los desarrolladores y proveedores de sistemas de IA tienen un papel clave en garantizar que sus sistemas sean seguros, precisos y justos.

Además, las empresas que utilizan sistemas de IA también tienen la responsabilidad de garantizar que los sistemas sean utilizados de manera ética y responsable. Deben tener en cuenta el impacto potencial de sus sistemas en las personas y en la sociedad en general, y tomar medidas para minimizar cualquier posible sesgo o discriminación en los algoritmos utilizados.

En algunos casos, también puede ser necesario establecer regulaciones o leyes que impongan la responsabilidad de las empresas y desarrolladores de IA en caso de decisiones incorrectas o perjudiciales tomadas por sus sistemas. Esto podría incluir la obligación de realizar pruebas rigurosas de seguridad y calidad en los sistemas de IA antes de su lanzamiento al mercado, o la obligación de notificar a los usuarios en caso de que se produzcan errores o problemas en el funcionamiento de los sistemas.

¿Se debería establecer regulaciones más estrictas para la creación y uso de sistemas de IA?

Sí, es importante establecer regulaciones más estrictas para la creación y uso de sistemas de IA. A medida que la IA se vuelve más omnipresente y su impacto se extiende a una variedad de áreas, incluyendo la salud, la educación y la justicia, es esencial garantizar que los sistemas de IA sean seguros, precisos y justos, y que se utilicen de manera ética y responsable.

Las regulaciones pueden ayudar a lograr esto al establecer normas y pautas claras para el desarrollo y uso de sistemas de IA. Estas regulaciones podrían incluir:

Requerir pruebas rigurosas de seguridad y calidad antes del lanzamiento de los sistemas de IA al mercado.

Obligar a los desarrolladores y proveedores de sistemas de IA a proporcionar información detallada sobre cómo funcionan sus sistemas y cómo se toman las decisiones.

Establecer estándares claros para la transparencia y la rendición de cuentas en el uso de sistemas de IA, incluyendo el monitoreo regular y la revisión de los sistemas.

Requerir la notificación a los usuarios en caso de que se produzcan errores o problemas en el funcionamiento de los sistemas de IA.

Establecer medidas para minimizar cualquier posible sesgo o discriminación en los algoritmos utilizados en los sistemas de IA.

Es importante tener en cuenta que las regulaciones para la IA deben ser equilibradas, de manera que no obstaculicen la innovación y el desarrollo de nuevos sistemas. Las regulaciones deben fomentar la creación de sistemas de IA que sean seguros, precisos y justos, y al mismo tiempo permitir la innovación y el avance de la tecnología.

¿Cómo puede la IA afectar nuestra comprensión de lo que significa ser humano y de nuestros valores éticos y morales?

La IA tiene el potencial de afectar profundamente nuestra comprensión de lo que significa ser humano y de nuestros valores éticos y morales. A medida que la IA se convierte en una parte cada vez más importante de nuestra vida cotidiana, desde los sistemas de atención médica hasta los asistentes virtuales en nuestros teléfonos, puede cambiar nuestra forma de interactuar y comprender el mundo.

Por un lado, la IA puede ayudarnos a desarrollar una comprensión más profunda y completa de lo que significa ser humano, al permitirnos analizar grandes cantidades de datos y encontrar patrones y conexiones que antes eran invisibles. También puede ayudarnos a comprender mejor nuestras propias emociones y pensamientos, al ofrecernos nuevas formas de analizar y procesar la información.

Sin embargo, también existe la preocupación de que la IA pueda socavar nuestra comprensión de lo que significa ser humano, al reemplazar nuestra toma de decisiones y nuestra intuición con algoritmos y modelos matemáticos. También puede generar preguntas éticas y morales difíciles, como la responsabilidad y la ética en el uso de la IA, y cómo garantizar que los sistemas de IA no perpetúen el sesgo y la discriminación.

En última instancia, es importante reconocer que la IA es una herramienta creada por los humanos, y que somos responsables de asegurarnos de que se utilice de manera ética y responsable. Debemos estar dispuestos a examinar críticamente cómo se desarrollan y utilizan los sistemas de IA, y a tomar medidas para garantizar que se alineen con nuestros valores éticos y morales fundamentales.

¿Cómo la IA podría cambiar la forma en que entendemos y definimos la inteligencia, así como el papel de los seres humanos en un mundo cada vez más dominado por la tecnología?

La inteligencia artificial (IA) está transformando nuestra comprensión de la inteligencia y está cuestionando la idea de que la inteligencia es una capacidad exclusiva de los seres humanos. A medida que los sistemas de IA se vuelven más avanzados, es posible que comiencen a superar la capacidad de los seres humanos para realizar tareas específicas, lo que plantea preguntas sobre la naturaleza de la inteligencia y la forma en que la definimos.

Una definición tradicional de la inteligencia es la capacidad de aprender, razonar y resolver problemas. Sin embargo, la IA puede realizar estas tareas de manera más eficiente y efectiva que los seres humanos, lo que plantea la pregunta de si la inteligencia debe ser definida de manera diferente en un mundo cada vez más dominado por la tecnología.

Además, la IA también está cambiando el papel de los seres humanos en el trabajo y la sociedad. A medida que los sistemas de IA se vuelven más avanzados y capaces, es posible que reemplacen trabajos que anteriormente solo podían ser realizados por seres humanos. Esto podría tener implicaciones significativas para la economía y el mercado laboral, y requeriría que los seres humanos desarrollen nuevas habilidades y capacidades para mantenerse relevantes en un mundo cada vez más impulsado por la tecnología.

En última instancia, la IA está transformando nuestra comprensión de la inteligencia y el papel de los seres humanos en un mundo cada vez más dominado por la tecnología. Si bien esto puede generar preocupaciones y desafíos, también puede abrir nuevas oportunidades y posibilidades para la innovación y el progreso humano. Es importante que sigamos reflexionando sobre estos temas a medida que la tecnología continúa avanzando y seamos cuidadosos en la forma en que utilizamos la IA para garantizar que sus beneficios superen sus posibles riesgos.

Como se relaciona la inteligencia artificial y la inteligencia humana, destacando tanto las oportunidades como los desafíos que esta relación plantea para la sociedad y la humanidad en general

La relación entre la inteligencia artificial (IA) y la inteligencia humana es compleja y está llena de oportunidades y desafíos. Por un lado, la IA puede ser una herramienta poderosa para mejorar la capacidad de los seres humanos para resolver problemas y tomar decisiones, lo que podría tener implicaciones significativas en áreas como la medicina, la ciencia, la educación y muchos otros campos.

Por otro lado, la IA también plantea desafíos significativos. A medida que los sistemas de IA se vuelven más avanzados, es posible que superen la capacidad de los seres humanos para realizar tareas específicas, lo que podría tener implicaciones para el mercado laboral y la economía en general. Además, la IA también plantea preguntas importantes sobre la naturaleza de la inteligencia y la forma en que la definimos, lo que podría tener implicaciones para la forma en que entendemos y valoramos a los seres humanos.

Uno de los mayores desafíos que la relación entre la IA y la inteligencia humana plantea es el riesgo de la creación de sistemas de IA que sean inherentemente sesgados o discriminatorios. Esto puede ocurrir si los sistemas de IA se entrenan con datos que reflejen los prejuicios o las perspectivas limitadas de los seres humanos, lo que podría resultar en decisiones discriminatorias o injustas.

Es importante destacar que la IA no se trata de reemplazar la inteligencia humana, sino de mejorarla y complementarla. La IA puede ser una herramienta poderosa para ayudar a los seres humanos a tomar decisiones más informadas y resolver problemas de manera más efectiva. Sin embargo, es importante asegurarse de que la IA se utilice de manera ética y responsable para garantizar que beneficie a la sociedad en general.

En resumen, la relación entre la IA y la inteligencia humana es compleja y llena de oportunidades y desafíos.

"La inteligencia artificial ha llegado para quedarse y transformará profundamente nuestro mundo. Pero en lugar de temer su creciente presencia, podemos abrazarla como una herramienta para mejorar nuestras vidas y abordar algunos de los desafíos más apremiantes que enfrentamos.

Imagínense una IA capaz de detectar y prevenir enfermedades antes de que se propaguen, o una IA que pueda optimizar el uso de recursos y reducir el desperdicio en nuestras ciudades y hogares. La IA también tiene el potencial de mejorar la educación y la accesibilidad, permitiendo que todos tengan acceso a la información y el conocimiento necesarios para tener éxito.

Pero para lograr todo esto, necesitamos trabajar juntos como sociedad y establecer regulaciones y éticas claras que protejan nuestros valores y derechos humanos. Debemos asegurarnos de que la IA no sea utilizada para crear desigualdades o para perjudicar a las personas.

Por lo tanto, les animo a que vean la inteligencia artificial como una herramienta poderosa y valiosa, que puede ayudarnos a crear un futuro más justo y sostenible para todos. Juntos, podemos asegurarnos de que la IA esté al servicio de la humanidad y no al revés"

www.ingramcontent.com/pod-product-compliance
Lightning Source LLC
LaVergne TN
LVHW041219050326
832903LV00021B/707